그러니까 나는 지금 사랑하는 사람일까요

오창렬 시집

시인동네 시인선 260   오창렬 시집

그러니까 나는 지금 사랑하는
사람일까요

시인동네

시인의 말

나의 시는 굳이 제 땅을 찾지 않는 뿌리가 되어 고단한 산객의 손을 잡아주고 싶었으나, 미덥지 못했다면 나의 시는 차라리 땅속에 묻혀 거름이나 되어라.

한 줌 거름이라면 새순을 키울 수 있을 터, 느른한 등이 와서 기댈 줄기도 오긴 올 것이다.

2025년 9월
오창렬

차례

시인의 말

제1부

돌부처 · 13
침묵을 몰고 오다 · 14
물방울의 자세 · 16
뿌리 · 17
완두콩 까는 저녁 · 18
거대한 잠 · 20
낙엽 · 22
도통, 혹은 백발을 위한 변명 · 23
조연 · 24
옹이 · 26
못 · 28
등 · 29
보물 · 30
이별에 연습은 없다 · 32
행복 · 34

제2부

너의 언어는 · 37

칠흑 속의 꽃나무 · 38

교차로 · 39

없으면서도 또렷한 · 40

빈집 · 42

첫사랑 · 43

한참 멀었다 · 44

하늘이 장마를 놓아 · 46

소속 · 47

작은 집 · 48

데미샘에서 돌돌 달아난 물은 · 50

나는 옛사람의 시구나 적어 보내고 · 51

바보 · 52

북쪽의 마음 · 54

방파제 · 55

다리 · 56

바다가 무장 푸르러지는 이유 · 57

모서리 · 58

제3부

돌탑 · 61

저녁 햇볕이 양말을 지어 · 62

붉은 발자국 · 64

보여주는 대로 보지 못하고 · 65

별밭 · 66

향기의 사이클 · 68

노안(老眼) · 70

새끼 · 72

붉은 토마토 · 73

서로의 달 · 74

노가리 · 76

사랑의 역사 · 78

꽃불 · 79

소파 · 80

봄은 내 안에 뿌리를 · 82

불면 · 84

나무의 입 · 86

제4부

등불 · 89

품격 · 90

오래된 우표 한 장 · 91

빈손일 때 · 92

갈대 · 94

풍류 · 95

명옥헌(鳴玉軒) 배롱나무 · 96

어떤 수확 · 98

매미가 묻다 · 100

경칩 무렵 · 101

용굴암 일지(日誌) · 102

종소리 · 104

생일 · 106

오리무중 · 107

중력 · 108

토종 · 110

해설 '나의 이방인'을 찾아가는 시 · 111
    문신(시인·문학평론가)

제1부

돌부처

미륵사지 가는 길에 나를 만났다
나는 길목에서 마을을 기웃거리고 있었다
갈 길 바쁜 줄 모르고
눈비 몰려오는 줄도 모르고

미륵사지 다녀오는 길에도 나를 만났다
나는 집으로 가는 길을 잃고 헤매고 있었다
날은 저무는데
눈비조차 내리는데

침묵을 몰고 오다

저녁이 소를 몰러 갔을 때
골짜기에는 침묵 한 마리가 서 있었다
말뚝에 묶인 채 우두커니 서 있었다
풀을 뜯는 동안 초록의 피도 낭자했을 것이나
소란까지 모조리 뜯어먹고 침묵은
소처럼 몸집이 컸다

소를 만나러 다가갔을 때
커다란 침묵 속에서 소는 풍경 소리를 들려주었다
풍경 소리 틈으로 재빨리 손을 집어넣으며
소를 데리고 나올 때 잘하면 침묵을 만져볼 수도 있으리라
저녁은 잠시 설레기도 했으나

침묵을 만지지 못하고
소를 만나지도 못하고

숲이 거대한 짐승으로 변하기 직전에야
저녁은 겨우 고삐를 수습하여 집으로 돌아왔다

침묵 한 마리가 마당에 들어서자
집도 우두커니 서서 밤새도록 생각이 깊어졌다

물방울의 자세

1.

엎질러진 물이 쪼르르 흘러가는 쪽엔 늘 바다가 있었다 바다가 출렁거리는 한 한 컵의 물도 실은 출렁거린다 물이 엎질러진 순간 부산스레 걸레를 챙겨 드는 건 우리 몸이 그걸 알기 때문이다

개수대나 욕실 바닥을 흐르던 물이 쪼르륵, 달뜬 몸짓으로 사라지는 건 하수관이 냇물로 이어진 줄 알기 때문이다 바다가 멀지 않은 줄 알기 때문이다

마지막 남은 물방울이 동그랗게 오그리는 건 흐를 수 없다면 굴러서라도 가겠다는 의지의 자극 때문이다 무한한 바다를 앞둔 긴장 때문이다

2.

무엇이 그리우면 나도 둥글게 몸을 말았다

뿌리

차일피일 손질을 미루는 동안
주방의 무 한 뿌리
밑동에서 중동까지 잔뿌리를
마구 냈다

허무로부터 도망 나오는 가늘고 흰 길들
수심에 겨운 흰 수염처럼 고불고불 고부라진다

여태 생채도 뭇국도 되지 못한 무는
자글자글 잔주름 늘여가며
허우적허우적 허공일지라도 뿌리를 뻗어보는 것인데

곰실곰실한 잔뿌리는 직장에 뿌리내리기 위해 머리가 센 가난한 가장의 노심초사를 닮았다

내가 뿌리내리려던 사람들의 마을도 허공이었는지 모른다

완두콩 까는 저녁

초여름이 제철이라는 햇완두콩을 한 망 샀다

꼬투리를 뒤집어 양손으로 잡고 비틀어 주면
초록니 가지런한 완두콩의 싱그러운 미소가 쏟아져
아내와 나는 앞앞이 양푼을 놓고
완두콩의 웃음소리까지 살뜰히 담아가며 완두콩을 깐다

꼬투리는 완두콩의 푸른 집들
작은 집엔 식구가 서넛으로 단출하고
큰 집엔 아홉씩 열씩 대식구가 오보록하여
망째 쏟아놓은 초여름의 식탁 위는 다정으로 복작거리는
포근한 마을이 된다

콜레스테롤과 심장 건강에 좋다고 아내는
완두콩의 유익을 말하지만 우리가 실제 양식으로 삼는 것은
완두콩 가족의 미소와 다정일 터
　나는 가족의 얼굴에 번지는 푸른 미소와 단란을 상상하며
완두콩을 깐다

우리에게는 한 이불 속에 발을 넣고 웃으며 속삭이며 까르르 깊어가던 밤이 있었다
꼬투리 속인 듯 나란히 누워 도란도란할 무덤의 날도 올 것이다

거대한 잠

잠은 산그늘처럼 내려와서 시나브로
의식의 눈꺼풀까지 무겁게 덮는다
눈꺼풀 무거울수록 육신은 노곤노곤
어둠처럼 아늑해진다
그러나 잠은 청한다고 아무 데나 내려앉지 않는다
몸이 세상일에서 빠져나왔어도
머물 자리가 어수선하면 멈칫거리다
온 자취도 없이 달아나고 마는
잠은 잠이라는 말조차 사라진 텅 빈 생각으로 온다
그렇게 잠은 정갈한 마음으로 깃드는 것 같지만
잘 자고 난 몸이 구름 걷힌 듯 개운한 걸 보면
잠이 주로 상대하는 것은 육신이다

잠은 또 유리의 뒷면에 은물을 입히는 붓질처럼 온다
잠의 붓질이 만들어 놓은 무의식의 반사층으로
유형당한 꿈이 조각조각 떨어져 오기도 한다
그때 거울에 비춰보듯 잊고 있던 세상을 만나기도 하지만
꿈꾸기가 영원한 잠깨기로 이어지지 않는 한

우리는 신의 치맛자락에 싸인 듯 잠에서 빠져나오지 못한다
사람들이 잠든 세상은 하나의 거대한 잠이다

낙엽

만 그루의 이파리가 결국에 얻는 하나의 이름

낙엽은 무덤처럼 시들었다
낙엽 몰린 마당귀는 공동묘지 같았다

도통, 혹은 백발을 위한 변명

우리 젊은 날 머리카락이 검은 것은
몸 안에서 꿈틀대는 꿈과 소망 중에 그늘진 욕망이 머리카락 숫자만큼은 섞인 탓인지도 몰라

인생은 달고 또 쓴맛이 섞이기도 하고

늘그막에 이르러 머리카락이 하얗게 세는 것은
이도 저도 도통 부질없음을 알아가며 욕망의 그늘이 걷히는 까닭인지도 몰라 그렇게 머리카락은 은발로 빛나는지 몰라

조연

단풍 들 무렵의 감잎이 하는 일은 감을 놓는 일
불안을 붙잡고 따라오던 누나가 내 자전거를 놓아주듯이
높푸른 하늘로 감을 살며시 밀어 올리는 일
감을 위해서라면 제 세상을 기꺼이 내려놓는다

노란 감꽃에서 감빛으로 온기가 돌 때까지
자전거의 균형을 잡아주기 위해 누나가 한없이 비틀거렸듯
어린 감을 감싸고 감잎은 비바람에 울기도 퍽 울었을 것이다
그러는 동안 감은 맘 놓고 모양을 갖추고
씨를 감싸는 일로 과피는 살이 올랐으리라
씨가 둥글기를 바랐으므로 저도 둥글어질 수밖에 없었으리라

아, 그보다도 감잎이 저를 놓지 않았다면 감은 저리 붉지 못했으리라
가을 하늘이 저리 향그럽지 못했으리라

가을 감잎이 하는 일은 감을 하늘의 주인 되게 하는 일

더러 남은 감잎이 울긋불긋한 손을 흔들 때면
감은 갓 구운 빵처럼 따듯해지고
나는 어린 시절의 골목에서 흔드는 누나의 손을 본다
내 자전거를 큰길로 마구 달려 나가게 하던 힘을 느끼곤 한다

옹이

점심도 한참 지났는데 가슴 한구석이 뭉글거린다

누르면 천 원이 기부된다는 버튼 앞에서
마음을 내려다 거두었던 아침 일이 잊히지 않는다

줄기에 박힌 옹이를 본 적 있다
꽃을 피우고 싶던 꿈과
이파리도 피우지 못한 절망이
함부로 뭉개진 상처를 본 적 있다

봄나무가 마음을 보내는 가지마다
노랑으로 분홍으로 또 연두로 세상 푸지게 흐드러지는데
버튼 너머로 흘러가지 못한 마음이 휘돌다
내 가슴 한구석에서 소용돌이쳤던가

흐르는 마음 젖이 되고 꿀도 되어
꽃송이 송이마다 향기도 마알간 봄날
나는 옹이를 위무하던 목수의 대패질을 겨우 떠올렸다

몽글거리던 후회를 어루만져 무늬가 될 무렵
저녁이 와서 헐렁한 내 삶을 조이는 옹이를 꿈꾸었다

못

그때로 돌아가면 그럴 수 있을까

꽃처럼 피어나던 고추잠자리의 새빨간 꼬리를
비단결로 무늬지던 호랑나비의 날개를
손에 넣지 않고도
즐길 수 있을까
날아갈세라 힘이 들어가던
엄지와 집게손가락
손가락 사이에서 울먹울먹 짓무르던 꼬리와 날개들
그때로 다시 돌아가면
그 가슴에 곤충핀 꽂지 않을 수 있을까

아, 네 가슴에 못 박지 않고 나는
사랑할 수 있을까 지금은 그럴 수 있을까

등

기다리던 책 출간 소식을 보였더니
와, 예쁘다! 산뜻한 표지 사진에 감탄하던 아내는
당신 이름이 없네~ 금세 어두워진다
내 자랑이 잠시 무안해지는 틈으로
반가움이 서운함과 실망으로 급강하한 맥락을 보니
아무개, 아무개, 하며 예닐곱의 내로라하는 시인들을
열거하고 내 이름은 등(等)자에 숨겨놓았다
등(燈)이 내 별호잖아, 되잖은 농으로 무안함을 달래두고 나는 잠겼다
저 내로라하는 이름들이 영롱한 불꽃 같으니
저 찬란의 주위를 두르는 일 또한 귀하지 않은가,
하여 나는 등 아니라 등피여도 좋겠다
불꽃을 감싸 어둠을 밝히면 등피까지가 등불 아닌가,
궁리하는 내 안에 거짓말처럼 등불 하나 켜져
무안을 자랑으로 말갛게 헹궈놓는 것이었다

보물

이 방, 저 방, 서랍과 주머니 속까지, 뒤져도 없다
사라진 볼펜 한 자루를 찾지 못하고 나는 하릴없이 눈을 감는다
그를 썼던 기억을 좇아 오전으로, 어젯밤으로……
촘촘하게 짠 그물로 기억의 바닥까지 훑어도 본다
단돈 이백 원짜리 모나미 볼펜 한 자루를 찾아
반나절이 족히 흐르는 동안
쓰려고 했던 문장을 잃어버리고
무얼 쓰려고 했다는 사실까지 잊어버리고
뉘엿뉘엿 해가 진다
하루가 또 이렇게 지나는구나
나는 허망 위에 겨우 엉덩이를 걸치고 앉았고
그와 함께했던 날들이 노을처럼 번진다
그가 기록하던 내 생활의 모래알 같은 메모들, 바윗돌 같은 회한과 황금처럼 빛나던 다짐들, 봉투에 적던 마알간 주소들……
그가 나를 먹이고 꿈꾸게 했던 세월이 저만치 멀다
필통에서 뽑아 보는 삼색 볼펜은

쓰고, 밑줄 긋고, 고쳐 쓸 수도 있는 값비싼 삼색 볼펜은
아무래도 대체재가 될 것 같지 않은 저녁
때맞춰 식탁에 차려진 저녁밥이나 씹으며 마음의 허기를 달래본다
볼펜 한 자루를 찾아 안절부절못했던 까닭을 곱씹어 본다
내게서 사라져간 것은 볼펜인가 추억인가
보물은 비싼 값에 있는가 추억의 적층에 달렸는가

이별에 연습은 없다

 봄철이 짧다고 서둘러 산화하는 벚꽃에 혀를 차고는 복숭아꽃은 햇살에 비춰 제 꽃빛을 뽐내고 한층 더 붉어졌다

 세상이 무릉을 떠올릴 무렵은 벚꽃 진 자리가 도도록하여 복숭아꽃은 문득 이별의 의미가 궁금하고

 내 가슴이 이별을 받아적는 동안
 제 빛깔을 뽐내던 복숭아꽃의 낯빛이 흔들렸던가

 복숭아꽃은 제 꽃빛이 실은 잘 익은 복숭아의 빛깔이라는 걸 알아채고 꽃 진 자리에 골똘하던 나는 영원을 사랑한다면 이별도 사랑할 수 있다고 결론 내렸다

 다만 이별의 온도를 생각하며 내가 차를 끓이느라 다 저무는 오후

 이별에 연습은 없다고 복숭아꽃은 눈 딱 감고 땅바닥으로 뛰어내렸다 이 가지 저 가지에서 다투어 뛰어내리는 꽃들로

땅에는 무릉으로 가는 길이 나고 복숭아나무에는 목숨의 자리가 무궁히 생겨났다

행복

고추잠자리의 꼬리는 가을 햇살 아래 차라리 꽃이던가
 살금살금, 손이 닿을락 말락 할 그때 잠자리는 높이 날아 버리고

잠자리 꽁꽁 멀리 가면 죽는다, 앉은 자리 앉아라, 콩닥콩닥, 어린 가슴은 얼마나 뛰던가

고요히 눈 감고 깊이 생각하는 일이라던가 명상은 생각을 없애는 일이라던가

머리 위가 꽃밭 같아도 도무지 꺾을 생각이 없을 때
 고추잠자리는 내 어깨에 살포시 내려앉기도 하는 것이었다

제2부

너의 언어는

 햇빛은 수억 년 전부터 네 편지를 비추었던 거지 그러느라 이파리가 반짝이고 종이가 된 나무에 네가 햇살의 자취를 베꼈을 때 환한 글씨는 사랑의 말이 되었던 거지

 구름은 더 오래전부터 네가 쓸 이별을 알고 있었던 거지 이별이란 글자에 쏟는 내 눈물처럼 구름은 비를 뿌려 나무의 온몸이 젖었던 거지 편지지가 된 젖은 나무에 네가 쓸 말은 눈물의 씨뿐이었던 거지

 나의 어제이고 오늘이던 너의 언어는
 나를 다 살리고
 훗날 재가 될 것이다

 훗날의 훗날 그 재는 마음 붉은 청년의 연필이 되어 한 사람의 가슴에 따뜻한 바람을 마구 불어넣겠지 한 방울의 다이아몬드로 빛나겠지 다이아몬드에선 쟁쟁(錚錚) 약속의 말이 들릴 테지

칠흑 속의 꽃나무

　당신 계신 곳을 알지 못하니 당신은 어느 곳에나 계십니다 강물 따라 흘러도 만날 것 같고 산등성 넘으면 당신 계신 곳에 이를 것도 같습니다 산으로 들로 분주하다 날 저물면 하늘엔 하나둘씩 별이 떠서 당신은 또 어느 별에나 계십니다 아, 그렇게 별밭을 뒤적이다 밤은 깊고 당신 계신 별에서 불어온 바람이 마당의 꽃나무를 흔들기도 합니다 칠흑 속에서도 꽃나무가 따뜻하게 꽃 피는 비밀이 당신이었습니다 당신 계신 곳을 알지 못한 후로 나는 어디서나 당신을 봅니다

교차로

 첫눈도 없이 동지섣달이 다 지납니다 그대 떠난 세상은 변해도 많이 변해 겨울에도 눈 구경이 힘들어졌습니다 눈이 내리지 않아도 크리스마스네 세밑이네 하며 사람들은 거리로 몰리지만 나는 새해가 얼마나 새로울지에 대해서도 그리 기대하지 않습니다 새해처럼 눈이 온다 해도 누구 발자국을 따라 즐겁겠어요 눈이 펑펑 쏟아진들 그대 없는 눈 구경이 어디 눈 구경이겠어요

 누구는 눈 구경을 위해 북방까지 가야 할 형편이라 푸념하지만 나는 북방 가는 일은 일도 아니라는 걸 압니다 겨울처럼 생각만 깊어가는 교차로 전봇대의 까치 한 마리 동서남북을 분간치 못합니다

없으면서도 또렷한

바람이 불자 풀잎은 풀풀
나뭇잎은 나풀나풀 제 몸을 흔들었다
바람이 거세지면 우줄우줄
나뭇가지는 휘어지며 제 춤을 자랑하기도 했다

하지만 나뭇가지가 추는 춤은 나뭇가지만의 춤이 아니다
나뭇가지 없이는 출 수 없지만
나뭇가지에는 없는 춤 없으면서도 있는 춤

그렇게 꽃 한 송이 어디선가 춤을 추고
허공을 젓는 나비 한 마리 팔랑팔랑 숨이 가쁜데

바람 멎고 풀잎도 춤을 멈추자
나풀거리던 이파리조차 흉내 낼 수 없는 나뭇가지는
혼자선 춤출 수 없다는 걸 알았다

저녁부터는 소리 없는 소리가 크게 와서
나뭇가지도 유리창도 크게 울었다

없으면서도 또렷한 네가 발소리도 없이 내게로 와서
밤 깊도록 나도 맘속으로 크게 울었다

빈집

당신 떠나고 나는 캄캄해졌네
눕는 사람 없는 바닥은 온기를 잃고
앉았다 일어서는 이 없이 천장지는 붙어 있을 이유가 없네
기댈 일 없는 벽도 맥없이 흘러내렸네
당신이 열고 들어오던 문을 바라보던 어느 날
열림 닫힘을 망각한 문조차 힘없이 주저앉아 나는 알았네
내가 있어 당신이 사는 줄 알았더니
당신이 있어 내가 집이었네
벽도 지붕도 아닌 것
내가 집이던 까닭은 당신이었네

당신 떠나고 열 개의 내 입이 다 벌어졌네
허기진 입처럼 누굴 부르는 입처럼
입 벌린 채 나는 당신 쪽으로 기울어가네
밤낮으로 햇빛이 쓸고 별빛이 골똘히 비추는 길
당신 찾아 길이라도 떠나려는지
기왓장도 벌써 마당으로 뛰어내렸네

첫사랑

아, 하고 입 벌리면 그 이름 쏟아져 버릴 것 같아
호박씨처럼 웅크리던 시절이 있었다
이불 뒤집어쓰고도 속으로만 외치던 이름이 있었다
온종일 혀끝에서 맴돌아 노래가 되던

그 이름도 깜박깜박하는 혀의 때가 오면
더듬더듬과 떠듬떠듬 사이로
헛바늘처럼 오돌오돌 죽음이 볼가지는 것이다
함께 죽고 싶은 이름이었으므로 끝내
그 이름이 생각나지 않는다면 나는 실상 죽은 것이다

죽음 근처는 그믐 같아서 그믈어가는 길을 더듬듯,
복수초가 눈을 석이듯,
안간힘으로
혀를 굴려보는 초승달 같은 이름이 있다

한참 멀었다

엘리베이터에 오르다 깜짝, 나는 놀라고

말똥말똥
나를 쳐다보는 견공은
여인의 귀티 나는 품에 안겨
도도하시다

벌레를 벌레로 보지 않는 데에 도(道)가 있다는데

내 생각은 개 팔자 상팔자라 이죽거리다
'적정인원 14명'에서 '명'을 뽑아 들고 그 쓰임을 웅변해 보고도 싶은데
  엘리베이터의 속도는 느려터졌고
  여인의 품속 개는 무장 귀공자로 자라고

벌레를 벌레로 보지 않는 데에 도(道)가 있다는데
벌레까지는 아직 멀었다

도(道)까지는 한참 멀었다

하늘이 장마를 놓아

꽃이 하늘 쪽으로만 눈 뜨는 것은 나비를 기다리는 자세 때문이지
나비의 긴 구기가 화관을 파고들 때 눈경련이었을까, 나비가 떠날 것을 염려하는 슬픔으로 살몃살몃 꽃대궁 떨고
하늘 쪽을 바라 꽃이 하염없는 것은 떠난 나비를 못 잊기 때문이지

벗과 나의 만남은 늘 봄꽃 같고, 봄꽃 사이로
하늘이 장마를 걸쳐 놓아 하염없으니
꽃대궁처럼 떠는 순간을 기다려 나 또한 하염없어야 하리

다만 꽃송이를 보지, 한사코 목을 뽑아 늘이는 꽃송이를 보고만 있지,

소속

가입했던 모임에서 차차 빠져나오려 한다고 내가 말하자
소속감이 삶의 원동력이라며 당신은 만류했다
당신이 모임을 더 넓은 세상으로 연결해 주는 다리라 말할 때
나는 한 세상을 닫는 일이 새로운 세계의 문을 여는 일이라 생각했다
당신은 모임에의 소속이 삶을 더 다채롭게 해준다 말하고
나는 당신에게로의 소속이 삶을 더 행복하게 해줄 거라 생각했다

당신은 나를 인정하고 내가 당신을 사랑할 때
두어 그루 벚나무가 창문을 열고 우리에게로 들어왔다
벚꽃을 잉태한 벚나무에 기대어 당신과 내가 봄으로 가입하는 날이었다

작은 집

생애를 바쳐 나
집 한 채 지어야겠네
하루 일을 끝내고 그대에게 돌아갈 때
초인종 눌러 따로 집주인의 허락 얻지 않아도 되는
맘 편하게 그대를 소리할 수 있는 집
담은 낮게 허물어 놓고
노래하듯 내 부르면 춤추듯 그대 대답하여
부르고 대답하는 소리 넝쿨장미처럼 넌출거리는 집
저 푸른 초원 위에 지어야겠네
온종일 젖히고 구부리며 풀들이 웃고
마알간 얼굴 꽃으로 피는 그대를 보며
나는 더디 늙을 것이네
초원이 넓어 집은 작아도 좋겠네
작아서 그대와 나 둘만 살다
작아서 이 세상 다음까지 들고 갈 수 있는 집
그렇게 몇 생을 살아 작은 집 닳아지면
그때는 서로가 서로의 집이 되는 집
물이 되고 구름 되어 살 때

흐르고 흘러도 서로의 안이 되는 거대한 집
몇 생을 바쳐서라도 지어야겠네

데미샘에서 돌돌 달아난 물은

경주 부운못에 환생한 신라 적 연꽃이 올해도 만발했다지요

씨앗이 땅속에 씨앗으로 묻혀 있었던 것은 씨앗을 고집해서가 아니었던 것 씨앗을 벗어나기 위해 천년을 기다렸던 것

천년 만에 당신 앞에 떨어진 나는 자꾸만 당신에게 묻힙니다
씨앗에게 새싹이고 꽃이듯, 꽃에게 열매이듯, 당신에게 꽃으로 피고 열매로 열리고 싶은 나는
못해도 당신이 피고 영그는 데 바치는 바람이고 싶은 나는

손 닿지 않는 거리로, 시선 바깥으로, 당신이 자꾸 멀어져가면 나는 나에게서 달아나 당신을 따라갑니다 어쩌면 본래 당신의 일부였을 나는 이제 그림자라도 된다는 듯 출렁출렁 따라갑니다

데미샘에서 돌돌 달아난 물은 섬진강이 되고 마침내 바다가 됩니다

나는 옛사람의 시구나 적어 보내고

버티기가 힘들다는 당신의 기별을 읽습니다

물로 치면 당신은 지금 산굽이를 휘도는 계곡물이거나 낭떠러지로 떨어지는 절망의 폭포수일 것입니다 몸도 마음도 겨를 없어 흐르는 세월에 몸을 맡긴 물줄기입니다 그러나 세월도 물도 흐르는 것, 당신을 폭포 아래 나동그라지게 했던 분이 당신을 세워주실 것이니 어느 날 불현듯 당신은 잔잔한 강물로 흐르는 자신을 보게 될 것입니다 그때 당신은 금빛 모래톱을 찰방이거나 가야금 줄인 듯 팽팽한 햇살을 튕겨 윤슬은 반짝이기도 하겠지요 아, 바다에 닿을 당신

계절이라면 당신은 지금 겨울도 버티기 힘든 겨울의 한복판인데…… 위로에 서툰 나는 뼛속까지 사무치는 추위 없이 어찌 매화 향기 코를 찌르겠냐*던 옛사람의 시구나 적어 보내고, 그런 내 안으로는 눈보라가 몰아치고, 저녁처럼 눈보라가 몰아치고,

---

*황벽선사, 불시일번한철골(不是 一番寒徹骨) 쟁득매화박비향(爭得梅花撲鼻香).

바보

나고 죽는 일이나 먹고 싸는 일쯤으로
삶이 요약돼 버리면 안 되는 일이어서 우리는
책을 읽기도 하고 고갤 갸웃해가며 생각도 파본다
사람을 만나서 웃고 감동하고 사랑하기도 한다
그래야 삶이 좀 삶일 것 같고, 적어도 바보가 안 될 것 같은데
바보가 안 되는 일은 얼마나 어려운가

오늘만 해도 그렇다
다음 회의까지 한 십오 분쯤 남은 것 같아
그냥 앉아 있던 것이 이십 분 지나 삼십 분이 넘어간다
활자도 없이 생각도 없이 사랑도 없이
멍하니 앉았다가, 하염없이 앉아 있는 내가
문득 바보만 같은데
한 동료가 시간에 딱 맞춰 회의실로 들어오는 것 아닌가
삼십 분도 넘는 시간을 챙겼을 그가 놀라워
당신 참 영리하시다 말을 건넸더니
그토록 꺼벙했다니 당신 참 바보시라 농담이 건너온다

아, 바보가 되는 일은 또 얼마나 어려운가
시늉조차 없으면 진짜 바보로 보이고 말 것 같아 나는
눈을 크게 뜨고 그에게 입술을 비죽거리고 말았으니
바보가 되지 않으려 안간힘을 쓰고 말았으니

북쪽의 마음

눈이 있어야 완성되는 겨울 풍경이라면
내 쪽에 눈을 좀 더 쌓아두고 있을게
솔가지엔 눈의 무게를 좀 더 견뎌달라 부탁하고
벤치에 쌓인 눈을 더 오래 데리고 있기 위해
만(灣)으로 바닷물 들 듯 뒷마당 깊숙이 응달을 끌어들일게
바람도 주로 이쪽에서 서성이도록 설득할게
너는 가능한 한 남쪽 방에 머물렀으면 해
창밖으론 햇살이 눈을 섞이고
고드름 녹아 낙숫물 듣는 소리가 들려온다면
그때 너는 봄이 온다고 착각해도 좋겠어 네 마음이 봄을 품은 동안
나는 벤치에 소복한 눈을 보며
벤치에 앉았던 하얀 너를 떠올릴 거야
그러는 동안 내 쪽으로도 봄기운 돌고
강아지와 눈 맞은 갯버들이 소문으로 먼저 와 닿지
나는 그때에야 응달과 바람을 자유롭게 풀어놓을 거야
벤치 위의 눈이 녹고 나는 너를 기다릴 거야

방파제

 격포의 해안이 옛날의 교훈을 깎아 교편 하나를 바다의 옆구리에 걸쳐 놓았다 부리 같기도 하고 곶처럼 긴 그것이 궁금한 바다의 조무래기들이 촐랑거리며 와서 찰싸닥, 찰싹, 건드려 보는 날이 많았다 그것이 사랑의 다리인 줄로 아는 남녀는 끝까지 걸어 바다의 심장 소리를 들어보자고 연애를 속삭였다 낭만의 머리카락이 길게 건너섬까지 날렸다

 주먹을 자랑하던 치들은 느닷없는 회초리에 반발하며 교복의 윗단추를 풀어헤친 채 구름처럼 파도를 부풀려 으르렁거렸다 그럴 때마다 사람들은 안위를 걱정하기도 했으나 교편은 바다의 종아리를 치는 법이 없다 상처가 나면 반창고를 붙이고 다만 선만 넘지 말라는 듯 넌지시 항구를 가리고 있다

 끝에 등대를 켜 들고 깜박깜박, 어떤 존재가 되어야 하는지 밤새도록 밝히고 있다

다리

제게로 오는 사람 떠받들던 다리는
강을 건넌 이가 보이지 않을 때까지 서 있다

오지 않아도 기다리고
가고 없어도 바라본다

사랑을 건너자 모든 기다림은 시들어
세상의 계절은 벌써 겨울인데
차다는 말도 없이 다리는 강물에 발 담그고
기다림은 늙는 줄 모른다

저녁해가 기울다 말고
내 그림자를 다리의 그림자 옆에 세우는 날 있어
다리의 생애에 오래 기대어 보았다

그제서야 내게도 평생을 건네고 싶은 사랑 하나가 생겨났다

바다가 무장 푸르러지는 이유

 바다가 파도를 쏴~ 여름 숲으로 던져놓을 때가 가다가는 있는 기라 그럴 때면 파도 속에 든 물고기들이 옳다구나, 제 몸에 맞는 이파리에 올라타는 기라 이파리들은 제 몸속에 숨은 등지느러미 배지느러미 꼬리지느러미 들을 꺼내어 끝없이 헤엄치는 기라 숲은 아연 파도처럼 일렁이고 산맥들은 마구 달려 정말이지 바다로 첨벙, 첨벙, 다이빙도 해 쌓는 기라 그렇게 바다는 무장 푸르러지는 기라

 바다를 기다려 숲의 나무들은 또 무장 목이 길어지는 기라

모서리

벚나무에서 떨어진 버찌가
나무 그늘 밖까지 굴러가 까맣게 반짝이고 있어
둥글어지면 사람도 사랑이 될 듯하다

첫째도 둘째도 사랑이라고
사랑을 삶의 화두로 꼽던 늙은 시인을 떠올리는데
발부리에 채인 돌멩이가 비탈을 굴러 다른 세상으로 간다

구르기 위해 몇천 년 모서리를 버려왔을 돌멩이

내가 버찌처럼도 구를 수 없다면
돌멩이인 듯 누가 나를 발로 차 다오

울퉁불퉁한 세상을 굴러
데굴데굴 모서리를 버릴 수 있도록
떼굴떼굴 다음 생까지 잘 굴러갈 수 있도록

제3부

돌탑

돌탑 하나
산길 비낀 바위 위로 아슬아슬 황홀하다
뒹구는 돌멩이에서 탑을 본 누군가가
정도 없이 망치도 없이
마음으로 다듬었을 탑돌들
울퉁불퉁한 대로 올톡한 데가 볼톡한 데를 떠받칠 때
불툭한 데는 울툭한 데를 눈부시게 괴고 있다
날아갈 듯한 지붕돌 얹고 싶던 대목에선
작은 돌멩이가
큰 돌 인 두려움을 이겨
지붕돌의 두근거림도 평온해졌다
한 층 올릴 때마다
속삭여오는 한 층 더의 유혹
결국 높이를 향한 욕망의 절제를 꼭대기에 올려놓았을 때
탑은 완성되었을 것이니
앙증맞은 대로 돌탑은 우뚝하다
산기슭에서 수천 년 밤을 새운 후에야
바윗덩이는 저 작은 돌탑의 기단이 되었을 것이다

저녁 햇볕이 양말을 지어

다저녁때의 사무실은 적요로워 혼자 남는 일
만으로도 가을은 끝자락으로 깊어진다
겨울처럼 때론 발이 시려오기도 한다
고요가 적막으로 바뀌는 틈으로 아스스 오스스 냉기는 스며들고
주위를 휘둘러보아도 별 방도가 없는 사무실
춥다는 말을 나눌 동료조차 남아 있지 않아
도리없이 나는 해가 기울듯 쓸쓸함으로 기울어졌는데,
시린 발가락 달래듯 꼼지락꼼지락 시린 마음을 비벼보느라
미루었던 일 처리를 또 미루고
하염없던 것인데,
문득 바라보는 발 위로
손수건만 한 햇볕 한 장 내리는 것 아닌가
저녁 햇볕이 온기를 모아 양말을 짓고 내 발에 신기는 것 아닌가
거두어들이는 기운으로도 처마 아래를 기웃하다 사무실 구석까지 와서 몽글몽글 내 발을 녹이고 가는 햇살
그것이 제 도리였든 사명이었든 나는 햇볕의 힘에 사무쳐서

늦가을엔 저녁볕도 체온처럼 그리워진다느니,
그늘진 데에선 한 줄 햇살도 금으로 내린다느니,
시린 발에 양말 한 켤레를 신겨놓고 사그라지는 햇살의 뒷모습에 대고
헌사처럼 몇 줄 낙서를 끄적여 겨울도 저만치에서 멎는다
적막이 고요로 바뀌며 저녁이 포근해졌다

붉은 발자국

간밤에 천둥 치고 비바람 사납더니
땅으로 옮겨 핀 듯 마당에 자미화 흐드러졌다
흐드러진 듯 흩어진 꽃잎이 문밖으로 쫓겨난 아이의 영문 모르는 눈망울만 같아
아침 내내 나는 쓸쓸하다가
무지한 빗자루가 와서 쓸어버릴까 낮곁 지나도록 근심하다가
저녁답에는 온종일 색 바랜 꽃잎의
남은 향기마저 사라질까 두렵기도 하다가
꽃이 피는 의미처럼
꽃 지는 일도 따로 이유가 있을 거라는 생각이 문득 들었다
그러자 마당 가득한 꽃잎이 꼭 붉은 발자국도 같고
지상에 벗어둔 그분의 신발도 같아서
두리번두리번 그분의 자취를 찾아 나는 좌우를 둘러보는 것이다
마음이 급해져 골목까지 나가보는 것이다
저녁 다 차린 엄마가 소매 걷으며 아이를 찾아 나서듯
마을 지나는 도랑이 바다를 만나러 가듯

보여주는 대로 보지 못하고

보여주는 대로 보지 못하고 나는
그냥 붉은 꽃으로 보았구나
너의 붉음을 다른 붉음과 동일시함으로써
결국 너를 왜곡하고 말았구나
너를 들여다보던 내 말이 차암 예쁘다~ 춤출 때
찬탄의 말투에 얹혔을지라도 그것은 참으로 어설픈 언어였음을
아, 나는 또 왜 몰랐을까
네가 피운 꽃조차도 너의 전부가 아니라는 걸
사라지고 일어나는 변화의 흐름에서
꽃 피기 전 너의 존재를 까맣게 모르고 있다가
꽃 지고 나면 그만, 가물가물 아슴하다가
이내 꽃빛조차 이름조차 아득해져서 미안하다
너의 전체를 모르고 꽃 필 때만 알아봐서
꽃 필 때만 사랑해서 미안하다
꽃조차 떨구고 네가 영원한 생장을 위해 침잠할 때
아직 태어나지 않은 존재일랑은 꿈에도 생각지 못하고 나는

별밭

밤하늘의 어둠을 뚫을 때까지 창이었던 것이
창끝을 버리고 반짝이는 빛만 남았을 때 별이 되었지요
망망한 밤길에선 눈이 되어 지상의 길과 길을 잇곤 하던 별
가까이 두고 아예 삶의 등대를 삼고 싶은 사람들은
별을 따고 싶다는 포부를 갖기도 했는데요
뻗은 손으로는 닿지 않고 별은
몇 개의 사다리로도 안 되는 높은 곳에 자리하여
별을 따다 준다는 말만으로도 서로를 키다리 아저씨처럼 우러렀지요
사자자리, 물고기자리, 처녀자리, 오리온자리……
별자리를 이어보는 손가락 끝에서 밤은 전설처럼 깊었고요

어느 새벽에 깨어 별이 하늘에만 뜨는 것이 아니라는 걸 알았어요
13층 창밖 아직 어둠에 잠긴 도시 위로
옛날의 밤하늘처럼 또록또록 별이 눈 뜨고 있었는데요
간밤에 못다 한 숙제를 챙기는 초롱한 눈망울이랑
콩나물 한 접시를 무치는 손길들이 반짝, 반짝, 어둠을 튕

겼을 터
　눈 비비며 펼쳐 드는 책 한 권이
　또각거리는 도마 소리가 하늘에 놓는 사다리여서
　별을 딴다는 생각 없이도 하나, 둘, 별을 따 내렸던 것이지요
　새벽마다 도시에도 별밭이 휘황했던 것이지요

향기의 사이클

별에서 향기가 흘러나오는 걸 본 적 있습니다

하늘 가득 별이 피어나는 정령치의 밤
땅바닥에 누워 밤하늘의 별과 눈 맞추다 보면
마개가 열린 듯 별에선 별빛이 흘렀고요 별빛은 소낙비처럼 내렸고요
우리의 눈에서는 향기가 철철 넘쳐
그 밤은 향기가 생겨나는 비밀까지 줄줄 흘리는 듯했습니다

우리가 별이 되고 싶은 만큼이나 별은 향기가 어울릴 만한 땅에 골똘했습니다
그리하여 별빛 내리는 곳마다 꽃이 피어났습니다

밤새도록 별빛이 내려 지상의 꽃으로 피고
꽃들은 또 온종일 향기를 피워올려 밤하늘 별로 뜨고
저 향기로운 순환으로 천지는 밤낮 앙그러지던 것

눈 감으면 별밭과 꽃밭 사이 정령치의 밤이 있습니다

도란도란 그대와 내가 별처럼 꽃처럼 피어나는 순간이 있습니다

노안(老眼)

어느 날부턴가 글씨가 흐려졌다
'님'을 '남'이라 읽고 '남'을 '님'이라 읽는 일이 생기자
큰일이라며,
안경점에서는 돋보기를 씌운다
글자가 다시 또렷해지고
전에 없이 책이 귀하게 여겨진 나는
일찍이 얻지 못한 지혜마저 훤히 읽어낼 요량인데
금맥 앞에라도 선 듯 마음 부푸는데
고개 들면 이번엔 돋보기 속 먼 풍경이 흐리다
멀리 희뿌연 것이 목련꽃인지 벚꽃인지 분간 안 되고
일찍이 구별해 알던 느티나무와 버드나무가 한가지로 푸르다
카페 구석에 한 가족이 자리 잡을 때
그 다정도 윤곽으로만 본다
비닐봉지 뜯는 소리가 나고 이목구비 없는 부모가
과자인지 빵인지를 아이들에게 나누고
자기들 앞에 잔을 당겨놓는데
아이들의 귀여운 미소조차 뭉개지는 돋보기 속에서는

한 가족의 단란도 안개 속처럼 두루뭉술하다
개별자가 모두 몽똥그려지는 세상이 나는 자못 어지러운데
안개가 걷히듯 문득 밝아지는 지혜 있어
묵직한 한 마디로 가슴을 친다
—그렇게 보라! 님도 남처럼, 남도 님처럼,

새끼

 베란다 구석 종이상자에서 비닐봉다리 몇 개를 들어내자 아, 까마득 잊고 지낸 묵은 감자들 꼬물꼬물 연노란 새순이 눌린 관절을 풀 때 너더댓씩, 여남은씩, 혹 같은 새끼 감자도 오종종하다 베란다의 질긴 추위 끝으로 직관처럼 봄이 오고, 이대로 썩어버릴 수는 없다고 감자는 제 몸 시드는 줄 모르고 주렁주렁 새끼를 매달았겠다 검은 봉다리에 눌려 캄캄한 밤낮을 구불구불, 암중모색, 새순은 핏기를 챙길 틈도 없었겠다

 식용의 때가 지난 감자를 두 손으로 받쳐 들고 나는 잠시 사무쳤다 오종종 새끼를 매달고 쭈글쭈글 늙어가는, 종이상자 같은 노인정에서 여태 돌아오지 않으시는 어머니,

붉은 토마토

제기에 올리다 말고 손에 넘치는 토마토를 바라보아요

친구네 마당가에 자라던 한 포기 토마토가 생각나요
크고 작은 열매를 달고 차례로 익던,
초록 엷어지고 붉은빛 돌 때부터 우리 조무래기들이 꽃 보듯 흠흠했던,
더디게 익어 식구들도 입맛만 버릴 것 같았던,

토마토가 토실토실 붉어 오히려 내 손이 작아요

등굣길에 내밀던 친구의 고사리손에서도 토마토가 넘쳐 터질 듯 빨갰어요
울컥, 눈시울이 빨개지는 사이 내 마음이 먼저 먹은 토마토
그래요 마음으로 주는 것은 마음으로 받는 거지요
가슴속에 지금도 피어나는 친구의 토마토처럼 내 심장이 붉어요

아버지도 마음으로 받으실 거예요 토마토를 제기에 올려요

서로의 달

여기를 보라고 네가 속삭이는 순간
전화기는 귓가에 와 있는 너를 비추었다
슬픔을 빨리 보여주고 싶은 너의 여보세요,에서 너의 슬픔을
들뜬 목소리에서는 너의 설렘을 거울처럼 비추었다
너를 보는 내가 여보세요, 하면
전화기는 네 슬픔이 묻은 내 슬픔을 비추고
네 설렘에 두근거리는 나의 떨림을 비추곤 했다

전전불매 잠 못 자던 그리움이 전화기를 만들자
마침내 사람들은 전화를 걸면서 여보세요,
받으면서 여보세요, 서로의 심장 속으로 뛰어들곤 했다
때로 불안을 보여주고 상처를 주기도 했지만
사람의 마을엔 서로의 달이 뜬다는 전설이 생겨나고
내게도 강아지 털 같은 너의 목소리가
옛 사진처럼 남아 있다

전화가 오면 여보세요, 여보세요,
나는 반가워하는 나를 보여주고 싶은데

오늘은 전화가 오지 않아 나를 보여줄 수가 없다
너를 보여달라 말할 수도 없다
여기를 보라고 속삭이던 너를 생각하며
거울을 닦듯 전화기를 만지작거릴 뿐인 나는

노가리

장날이면 흰 발로 사십 리 길 나서시던 할머니의
그 정한 마중으로 비린 것 귀한 산골로도 노가리 떼 물결쳐 오고
아버지의 은근한 축제는 닷새간 더 구수해졌다
큰 사발 가득 막걸리를 따르실 때
촉촉하게 퍼지던 노가리의 비릿한 냄새
바깥으론 때때로 빗소리가 가락을 쳐 주다 가고
꽃비 내린 세월 뒤로 함박눈 내려 며칠간 배경이 되기도 했다
창호지 지나온 볕살 가운데 앉아 아버지 찬찬히 술잔을 기울이시면
최고의 관객인 할머니 얼굴에도 그윽한 것이 퍼지고
그 사이를 빈둥거리던 내게로 어쩌다 한 마리 헤엄쳐오는 날 있어
내 손은 비릿한 냄새를 오래 만지작거렸다

더 자라 고향을 떠나온 나는
아버지의 축제를 소상하게 챙기지 못했고

늙어가는 고향에 가서 만나는 건 사라진 풍경
할머니 아버지 차례로 떠나신 고향에 오일장은 서도
쾌를 지어 오르던 노가리의 시렁이 없고
할머니와 아버지를 한 풍경으로 모시던 방바닥도 없어졌다
내 손에 묻은 비린내마저 자취 없어 쓸쓸할 때
나는 먼 동해로 갈 생각을 한다 바다의 목로에 나가
옛날의 노가리 떼를 마중하고 싶은 것이다
저 날의 할머니와 아버지 사이를 빈둥빈둥 번갈아보다
동태눈이 되어도 좋은 것이다

사랑의 역사

그저 뒹구는 줄만 알던 돌멩이가 밤새 일출을 기다려
해는 제 몸뚱이를 밀어올리느라 밤새 둥글어졌다 온몸이 달아 새빨개졌다
기다림의 꼭지마다 쨍그랑쨍그랑 아침은 오고
해와 돌멩이가 눈 맞추어 우주의 대낮이 찬란해졌다

서로 비추는 것만으로도 해와 돌멩이는 황홀을 짓고
황홀의 연원을 따라가는 내게도 저들의 오랜 사랑을 엿보는 순간이 오고
나는 이 순간을 위해 평생 걸어왔음을 짜릿하게 알아차린다

어스름에 이목구비가 닳도록 내가 세상의 골목을 어슬렁거리는 이유도 알 것 같다

꽃불

 간밤 꽃샘추위에 홍매는 제 몸의 불을 반 넘게 꺼버렸다

 농사를 작파하기라도 했나, 나는 정전처럼 어두워져서
 떨어진 꽃잎처럼 하루 종일 정처 없다가
 설중매의 가풍을 떠올린 저녁에야 시샘 따위에 허무해지진 않았으리라 고쳐 생각했다

 저 흥건한 꽃빛으로 봄의 정령들을 일깨울 터

 그러니 검은 땅에 켜 드는 꽃불들은 저 홍매의 후손일 것이고,
 그래서 복사꽃에도 모란에도 홍매의 붉은 볼은 화사할 것이고,

 홍매가 제 몸의 불을 반 넘게 끈 날, 내 가슴엔 밤새도록 봄빛이 출렁거렸다

소파

밤새 어디로 갔단 말인가
티브이를 보던 간밤의 소파는 보이지 않고
소파 있던 자리엔 함부로 널브러진
옷들만 무성하다

너무 많은 옷을 입은 아버지도
아버지가 잘 보이지 않았다
주경야독에 봉제사,
일가 화목 힘쓰던 종손
아버지는 소파처럼 다리가 퉁퉁 부었었다

식구들이 하나둘 옷을 챙겨 떠나면
소파는 다시 소파가 되고
식구들의 안락을 위한 준비가 완전한 소파에 앉아
나는 아버지를 생각한다

창밖으로 하르르 벚꽃이 진다
겨울을 견디었다고, 신이 보내는 하염없는 갈채를

커다란 소파가 되어 받는 봄

생각으로나 아버지를 생각하던 나는
창문을 열고
벚꽃 한 잎을 향해 후~
소망요양원 쪽으로 부푼 바람을 토해본다

봄은 내 안에 뿌리를

눈 녹아내린 마로니에 언덕엔
드문드문 땅 위로 들키며 감추며 뿌리가
뻗어 공중에 드리운 가지의 품만큼은 되는 것 같았다
땅속에 우거졌을 뿌리를 헤아리던 나는
하늘 높이 가지가 자라고 이파리 펼치고 꽃 피우는 상상에 이르러
나도 모르게 발끝에 힘을 주었다

뿌리가 깊다는 것

이파리의 눈부신 손짓에 오래 미혹했던 나는
뿌리 깊은 나무의 상징을 마주하는 일이 낯부끄러웠지만
깨달음이란 흔히 부끄러움 끝에 여는 열매

겨울 끝으로 봄꽃들이 피어나고 있었다 가지 끝까지 꽃망울 매다는 기세가 열렬하여 용솟음치는 불기둥 같았다
뿌리가 색깔과 향기의 샘을 파내려 가는 한 꽃은 피어
영원 같은 것의 비밀조차 발설하는 것 같았다

내 안에 뿌리를 그려 넣기라도 하려는 건지
마로니에 손끝마다 큰 붓에 먹물을 흠뻑 찍어 든 날도 길었다

불면

불을 끄고 잠자리에 누우면 또각, 또각,
돈 벌러 간 아내 대신 시계 초침 소리가 걸어온다

또각, 또각, 또각, 초침은 다이얼을 돌아 빈틈없는데
우리네 삶은 빈틈이 많아 아내는 쉴 틈이 없다
쉴 틈 없어도 빈틈은 잘 메꿔지지 않는다

또각또각 초침이 돌아 하염없는 밤
또각또각 와서 인생도 째깍째깍 흘러가는 것인가
이렇게 오고 저렇게 흘러가서 삶은 또 무엇인가 묻는데
야심할수록 굉음을 지르는 자동차 오토바이 소리
질문이 잘못됐다는지 해답이 없다는지
나의 집중을 여지없이 깨뜨려놓고 사라진다

돈 벌러 간 아내가 돌아올 수 없는 밤
창문까지 마저 닫아 잡음의 틈입을 막고 다시 눕는다

째깍째깍, 적막의 소리 새로 들려오고

어쩌면 나는 질문을 바꿔야 한다
지금 삶이 아내에게 원하는 건 돈인가, 돈뿐인가,
생이 원하는 것은 도대체 무엇인지 골똘해 보는 시간
어둠 깊어 잠일랑은 끼어들 틈이 없을 듯하고

나무의 입

새순 막 지난 어린잎에 햇살 내릴 때
가닐가닐 봄바람은 마침 불어
나는 고 앙증맞은 조동이들이 그 찬란한 양식을 쪼아먹는 진풍경을 보았습니다
하늘 가득 양식은 쏟아지고
조동이들은 검치가 나고
그 허천난 식욕이 옹골진 하늘은 또 뭉텅뭉텅 햇빛을 쏟아
맛깔나는 소리며 흐뭇한 눈빛이 얼려
봄날의 공중이 율랑율랑 일렁일 때
참말로 나는 나무가 햇빛 먹고 크는 현장을 실감했습니다

나무의 입에 햇살도 푸르게 내릴 때
살짝 바꿔 '잎'으로 쓰고
'입'이라 발음했을 마음도 어른어른 어리비쳤습니다

제4부

등불

어둠 속을 걷는 동안에는
발밑을 비추는 등불만 등불인 줄 알았는데
어둠 말고는 어둠이 없는 줄 알았는데

어둠은 어디에나 있고
어둠은 또 처음부터 없어

목마른 이에게는 물 한 모금이 촉촉한 등불이고
굶주린 이에게는 밥 한술이 다디단 등불이어서
 나뭇가지에서 꾸벅거리는 아슬한 새를 위해 새집을 만들어 처마에 다는 이도 있다 초파일 연등 걸듯

 신도 해를 높이 켜 들어 밤길 걷는 캄캄한 발에 아침을 비추고
 검은 가지 끝에 켜 든 한 송이 꽃등 앞세워 봄은 온다

어둠만 어둠이 아니어서
어둠을 밀어내는 것은 모두 등불이어서

품격

'말의 품격'*을 빌려 나오던 도서관 뒷길
물었던 가지를 내려놓고, 다른 가지를 물어보고, 연방 고개 갸울이던 까치를
까치 한 마리를 가볍게 날리고

집에 와서 책을 펼치다 문득 깨달았다

까치가 나뭇가지를 골라 봄이 오던 것을,
봄을 맞는 까치가 집의 품격에 대해 골몰하고 있었던 것을,
생각 속에서 훗날의 새끼들을 방에 앉혀보고 데리고 마루로 나가보기도 하는 살뜰한 순간을 조심성 없는 내 발걸음이 날려버렸다는 것을,

빌려온 책이 자꾸 '발의 품격'으로 읽혀 저물도록 나는 뉘우쳤다
남의 봄을 훼방 놓고도 가뿐했던 발걸음이라니,
그 가망 없는 가벼움이라니,

---
*이기주의 에세이집.

오래된 우표 한 장

지워도 지워도 살아나는 몸이어서
마음을 탄 우표는 소인일랑 오히려 날개로 물결로 여겨
너울너울 출렁출렁 편지는 춤이 되곤 했는데
엊그제는 오래된 우표 한 장 지갑에서 딸려 나와
갈데없는 우두커니로 책상 위에 놓여 있다
마음을 옮겨쓰는 일만으로도 거룩하던 밤이 있었으나
비상금처럼 든 지갑 속 우표 몇 장으로 푸르던 날 많았으나
비상한 일도 온데간데없이 사라지고
너울너울 출렁출렁을 꾸던 꿈은 납작해졌던 거지
납작납작 오래되었던 거지
소인 찍힐 일 없이는 존재의 기척도 못 내다가
우연히 카드에 딸려 나와 갈 데 없는 우표 한 장
마음을 못 얻은 몸은 헐거워지는가 끝내 헐고 마는가
넋 나간 우표를 바라보는 요 며칠 빈 육신처럼 나도 우두커니가 되었다

빈손일 때

절 마당에 들어서자마자
손 모아 허리부터 숙이던 옛 할머니들의 경지야
아직도 까마아득하지만
요새 와서 조금씩 철이 드는 나는
절 마당에 들어설 땐 전에 없이 고개를 숙게 하고
담 너머 성모상이라도 마주하면 제법 손을 모을 줄도 안다
숙여도 고개 들어 상대를 우러러도
내가 조금도 다치지 않음을 알게끔 되었다
굽히거나 우러를 때 외려 상대의 당당한 손님이 될 수 있음을 아는 내가
오늘은 화엄사 대웅전 앞에서 마음을 모으는데
손에 든 핸드폰이며 우산이 합장을 방해하는 게 아닌가
그때 또 나는 알았다
내가 가진 것이 아직 많음을
나라는 생각으로 가득 차 고개 뻣뻣했던 나를
조금은 알 듯도 했다
절 마당에 들자마자 허리부터 숙이던 할머니들의
자신을 비우는 일에 고부라질수록 풍성하게 피어났을 기도를

빈손일 때 더 절절해지는 기도를

갈대

  가을처럼 바람이 불고 흔들리던 갈대는 제 몸을 말리기 시작했다 억세게 뻗쳐 올리던 잎을 내리고 구름의 엉덩이를 간질이던 꽃까지 탈탈 털어버렸다 하늘이 다시 넓어지고 몸이 마를 대로 마르던 어느 날 뻥, 속이 뚫리고 갈대는 알아차렸다

  아무것도 없는 속에 길 있음을, 잎보다도 꽃보다도 무엇이 중요한지를, 갈대는 갈 데까지 환하게 알아차렸다

풍류

도화유수묘연거(桃花流水杳然去)*라 읊던 고인의
그 계절이라는 쪽지글과 함께 이웃은
가시오가피 새순 한 소쿠릴 건넨다
그걸 무쳐 막걸리를 따르니 집안 가득 봄이라
나는 또 전화를 넣어 벗들을 불러모으고 싶다
박주산채(薄酒山菜)일망정 벗들 더불어 걸판지게 술판을 벌이고 싶은 것이다
하니 내가 받은 것은 처음 맛보는 산나물만이 아니었다
희귀해진 인정을 담아와 이웃은
손가락 사이로 빠지는 모래알처럼 사라져가는 옛사람의 풍류를 찾아주었으니
냇가에라도 나가 흐르는 물처럼 술잔을 들면
거기가 바로 별유천지비인간(別有天地非人間)* 아니랴
때마침 냇물에 복숭아꽃이라도 떠간다면
도화유수묘연거라, 누군들 아득해지지 않으랴
가시오가피 향에 젖어 봄은 또 쌉소롬 깊어지지 않으랴

―――
*이백, 「산중답속인(山中答俗人)」 중에서.

명옥헌(鳴玉軒) 배롱나무

백일홍꽃 오래 붉은 줄은 알았는데
여기서는 배롱나무 둥치가 아예 아름드리로 굵어
옥구슬 울리는 소리 흘러들었다던 연못은
산그림자 품은 듯 깊다

일찍이 주공과 공자 우러러 세상 따윈 잊은 선비가
타오르는 마음을 배롱나무 몇 그루로 피워두고 살았다지
달빛 환한 지창(紙窓)으로 꽃 그림자 어리는 밤이면
단심(丹心)은 한결 붉어졌다지

세월은 피고 져서 서실에 온기마저 사라진 날에도
배롱나무가 선비를 기억하는 방식은
그의 숨결로 꽃 피우며 둥치가 굵어가는 것

한 사람을 꽃피우는 일은 세상의 저녁에 등불을 켜는 일
백일홍꽃 피면 남도의 하늘은 진홍으로 환해지고
제 존재를 하늘에 비춰보던 뜰 앞 연못도
무슨 의식처럼 여름 한 철은 백일홍 붉은 마음을 담는다

연못 가득 꽃을 피워 아예 꽃나무를 닮는다

하늘은 높고 연못은 깊어 일심(一心)으로 붉을 때
신의 눈이 번개 같*아 물고기들도 입 벌린 채 꽃송이로 몰릴 때

명옥헌은 눈을 뜬다 옛 선비처럼 백일홍 붉다

---

*명옥헌 주인 오희도의 「망재야영(忘齋夜詠)」 기(其) 이(二) 중 '정거유근독(靜居愈謹獨) 신목운여전(神目云如電)'에서 따옴.

어떤 수확

나무들이 저마다의 불꽃으로 타오르고 있다
수확의 계절이 와서 저를 돌아보는 나무들
화끈거리는 부끄러움 불태워 스스로 밝아지고 있다

햇살 한 줄기 두고도 자주 상처받고 상처를 주고
마음보다 미움을 키우는 날이 많았다
새가 찾아와 노래할 때조차 손 움켜쥔 날 많아
뉘우침만으로는 허물어지지 않는 후회로 무성한 나무들
설마 작은 꽃 피워 씨를 맺은 자랑쯤이야 없으랴만
미련도 슬픔도 남지 않는 길은 이뿐!
제 속엣것까지 쓸어내느라 은행나무는 빗자루처럼 기우듬히 빛나고
속울음의 얼룩은 빗자루로도 쓸리지 않아
활, 활, 활, 단풍나무는 안팎으로 불타고 있다

비우는 일로 수확을 삼는 나무들의 오래된 미담(美談)
단풍이 곱게 지는 저녁이 오면

산 아랫집 한 사람, 마당으로 떨어져 오는 미담 조각들을 쓸어모은다
 자신을 태울 생각은 못 해도 미담의 재(灰)가 타는 동안
 환해지는 제 가슴을 그는 들여다보고 들여다보고 할 것이다

매미가 묻다

매미 소리로 더없이 울창한 여름 숲에서
나는 자주 한 그루 나무로 서서 울창을 더하는 것인데
매미를 찾아 줄기며 가지를 찬찬히 더듬어보는 버릇이 생긴 것은
우는 자세라도 배워보려는 곡진함 때문이었던 것인데

그렇다면, 매미를 배울 수 있다면,
나는 잠시 양양해져서
마음으로는 네 심장을 움켜잡아 보기도 했는데
그 순간 울음소리 뚝 그치고 매미가 묻는 것이었는데
그럴 수 있다면 뭐라고 할래?
탈피 한번 못한 내게 묻는 것이었는데

단음절이나 2음절만으로도 암컷의 마음에 울창을 심는 매앰~맴~ 여름을 절정으로 올려놓는데

경칩 무렵

개구리들이 조약돌을 밤낮으로 쏘아 올리는 날들이다
소리의 조약돌에 심장을 쏘인 태양이 속절없이 햇살을 쏟는 날들이다

돌 묻어 아물어진 햇살이 이들이들 봄 길을 내다
매화나무 가지에 걸려서는 매화 꽃망울로
산수유나무 가지에 걸려서는 산수유 꽃망울로
오돌토돌 볼록볼록 우둘투둘 불룩불룩
채색한 개구리눈처럼 수천수만의 꽃눈이 도독해지는 날들이다

가루 가루 쏟아지는 햇살 묻은 돌에 놀라
겨울이 삼십육계를 놓는 자리로 초록과 꽃별들이 다투어 깨어나는 경칩 무렵

와글와글 딸애의 꿈도 붐비는 날들이다

용굴암 일지(日誌)

1.

6월 22일(경신). 이안을 마치고 보니 때는 염열(炎熱)의 복판이다 불출봉에서 흘러온 바람 한 가닥이 자비로운 쥬련 되어 곁땀을 훔치는 밤, 돌아보면 저간의 일이 아찔하다 한양을 점령한 왜적은 호남을 노리는데, 실록을 향한 우리의 발걸음은 등짐 진 듯 더디기만 하던가 내장사 지나오는 가파른 석경(石逕)은 여북이나 아득하고 또 작히는 마음 놓이던가 예순네 궤의 실록을 모시자 용굴은 다시 용을 만난 듯하고, 나는 실록을 수직(守直)하는 직분만으로도 눈물겹다 아니, 눈물의 감상에 빠질 때가 아니다 조선의 역사가 내 곁에서 숨가쁘지 않은가 어긔야 어강됴리 소강이던 임우(霖雨)가 몰려오는지 밤공기가 눅진하다

2.

7월 초열흘(정축). 그 사이 웅치에서 큰 싸움이 있었고, 동복 현감 황진이 안덕원에서 왜적을 격퇴하고 전주부를 방어했다는 소식이다 이안 후 보름 어간의 일이라 새삼 가슴을 쓸어내린다 재삼 돌아보는 어진을 용굴은 여의주처럼 품었다

내장(內藏)이란 이름 덕인지 이곳은 무탈하다 아으 다롱디리
 희묵을 따라 나섰던 승려들은 이제 염불 삼매에 들었겠지 실록을 져 날랐던 재인(才人)들과 동리 사람들, 그들이 줄 타고 춤추거나 자식들 입에 밥술 떠먹이는 일을 그려보는 일로 백 척 벼랑 끝의 날들이 힘들지 않다

 금선계곡 물소리가 멀었다, 가까웠다, 아직은 밤이다

종소리

자동차를 세우고 라디오를 켰을 때
길가의 빈 밭에는 한 남자가 봄처럼 와 있었다
그렇게 빈 밭은 빈 밭이 아니게 되었고
라흐마니노프의 피아노 협주곡이 차 안에서 밭고랑으로 흘러드는 동안
남자의 그림자는 쪼그려 앉았다 이따금 일어서곤 했다
남자가 종소리를 심는다는 것을 나는 알았다
남자의 모종삽은 날이 종소리처럼 둥글었고
씨를 묻은 자리는 파동처럼 둥글게 둥글게 퍼져 나갔다
간간이 일어나서 남자는 종소리의 진폭을 가늠하는 것 같았다

피아노의 선율이 절정으로 치닫는 대목이었던가
발톱에 바람을 감은 까치 한 마리 밭 너머로 날아오를 때
선율 사이로 땅속의 떨림이 섞여 드는 것도 같았다
머지않아 밭에서는 새싹처럼 종소리가 피어나겠지
종소리의 진폭은 작물처럼 자라 밭 너머까지 넘실거리고
꽃철이면 후각을 앞세운 이들이 이랑마다 몽글한 무늬를

새기리라
    열매로 익은 종소리는 쟁그랑 쟁그랑 고막을 두드리겠지
    눈을 감고 내가 들은 것은 종소리였던가
    루간스키의 연주는 끝이 났으나
    러시아의 대지처럼 광활해지는 내 맘속으로 은은하게 종소리가 퍼졌다

    눈을 떴을 때 남자의 파종은 아직 끝나지 않았으나
    내 귓속 달팽이관쯤에서 종소리는 벌써 꽃망울을 맺고 있었다

생일

  그때 나는 사랑받는 사람이었을까요 오늘 생일인 친구로 카톡에 뜬 내게 특수 학교 교사인 그가 자기 학교의 생일 축하 영상을 보내왔을 때 나는 행복한 사람이었을까요 기타 치고 손뼉 치며 선생님들이 축하 노랠 부르는 영상 속에서 정말로 사랑받기 위해 태어난 사람처럼 한 아이가 사랑받고 있을 때 학생의 생일 축하에 교사가 총출동하는 낯선 풍경을 한가한 감성 놀이로 일축해 버리려던 나는 무엇에 흔들리며 살았을까요 사랑을 잊은 입술로 학력에만 방점을 찍는 분위기를 어찌하지 못할 때 나는 사랑받는 선생이었을까요 내가 받은 사랑이 사랑이었을까요 학종으로 대학에 가고 판검사가 되거나 의사고시에 합격하면 우리 학생들의 경쟁은 끝나는 것일까요 이기고 또 이긴들 다른 이들이 패배자일 뿐이라면 내가 만난 학생들은 과연 누구에게 사랑받을까요 그러니까 나는 지금 사랑하는 사람일까요

오리무중

짐승의 주검에 붙잡혀 머뭇거리는 국도 17번
사고처리반처럼 안개는 수런거렸다

집착은 자주 병이 되고
길 건너는 것이 어디 쉬운 일이던가
주검 밖으로 넘치는 벌건 후회
길바닥에 흥건하다

물증을 채집하는 안개가 바닥을 훑고
피치 못한 내가 한바탕 더 주검을 깔아뭉개면
주검은 진짜 죽음처럼 납작해진다
남아 있던 꿈까지 한 번 더 납작해져서
안개가 한층 더 무겁게 깔리는 국도 17번

상처를 짓밟는 사람이 무서운 나는
나로부터 달아나려는데 가도 가도 안개 속
길은 끝이 보이지 않는다

중력

그날부터였다 한동안 방문을 열지 못했다
난파선처럼 세상은 부서지고
널빤지에 매달리듯 나는 방바닥에 붙어 있었다
하나를 잃었을 뿐인데 세상의 의미가 통째로 짜부라져
절망의 바닥에 붙어 있었다
땅속으로 스밀 것 같았다
며칠을 땅속에 묻혀 지낸 것 같았다

나를 깨운 건 굉음을 내며 날아오르는 비행기 소리였다
잠자리처럼 떠갈 공중의 비행기를 떠올려 보는데
비행기 뜨는 원리가 떠올랐다
굉음처럼 무거운 기체가 공중에 뜨는 것은 중력의 힘이라지
양력은 중력의 힘에 비례한다지
절망의 바닥에서 나는
내 삶이 한 바닥을 쳤다고 생각해 보다
하마터면 박수를 칠 뻔했다

나를 짓누르는 중력의 힘을 바꾸기로 했다

문 하나를 열었을 뿐인데 하늘과 땅이 서로 맞추고 일어섰다
어디선가 맞춘 듯이 너도 어울리고 있을 것 같았다

토종

 토종 남원 무를 깎아 먹는 겨울밤 깎아 먹던 토종 무를 스승으로 삼기로 했다 아고똥한 몸집과 눈빛을 배우기로 했다 우리나라의 무밭마다 김장무가 한 자나 자라는 동안 매끈한 각선미를 뽐내며 도시로 실려 가는 동안 개량 무의 중동쯤에서 성장을 멈추고 내면을 들여다보느라 늦가을처럼 차가웠을 스승을 우러르기로 했다 제 안의 근육이 몸 밖으로 비어질 만큼 단단한 이두박근 삼두박근 구별할 것 없이 탱탱한 그 다부진 정신을 배우기로 했다 세상이 꺽다리들 틈에서 제대로 숨도 못 쉬는 만원 버스 속이어도 숏다리로 따라잡는 삶이 헐떡거려도 경중경중 내닫는 긴 다리를 부러워하지 않기로 했다 남원 토종 무를 베어 무는 겨울밤 단맛은 적어도 고소한 향이 오래 남는 토종의 온몸에서 뿜어져 나오는 전봉준의 눈빛을 배우기로 했다 세계화니 글로벌이니 해도 좌고우면 않기로 했다 입 안에 남은 무 향과 형형한 눈빛이 하나임을 알아가며 앙버티고 앉아 내 안을 깡깡 다지기로 했다 나는 진짜 토종으로 돌아가기로 했다

해설

'나의 이방인'을 찾아가는 시

문신(시인·문학평론가)

　한 편의 시를 앞에 놓고 나는 거의 언제나 '나'의 자리를 생각한다. 이를테면 이런 것이다. 시 안에서 '나'는 말하는 주체인지 말해지는 대상인지. '나'가 말하는 주체라면 그는 무엇을 말하고 있는지. 말해지는 '나'라고 한다면 '나'는 누구의 대상으로 저만치 서 있는지. 시를 읽는 '나'는 시를 읽으려는 것인지 아니면 시를 거울삼아 '나'라는 자기를 살펴 읽으려는 것인지. 시는 언제나 이렇게 복잡하고 정교한 것들을 고민하게 만든다. 그건 시가 최종적으로 '나'의 이야기이면서 '나'에 관한 이야기라는, 이미 잘 알려진 명제를 새삼 새겨보는 일이기도 하다. 그런 까닭에 한 편의 시는 어쩔 수 없이 시인이 감추어 놓은 욕망의 동굴을 개시하는 진실한 주문처럼 읽힌다.

'나'의 주문이자 '나'를 찾으려는 주문으로서의 시 말이다.

여기서 숙고하게 되는 지점은 '나'라는, 주체이자 대상의 정체다. 이런 고민을 해결하기 위해 역사적으로 '나는 누구인가'라는 오래된 질문에 응답하려는 숱한 시도들이 있었다. 그 가운데 개인적으로 동의하는 사람은 알베르 카뮈다. 카뮈가 이렇게 말하지 않았던가? "나는 나 자신에게 영원히 이방인일 것이다."[1]라고. 여기서 카뮈의 명제를 난도질하여 무분별한 의미의 세계로 들어갈 생각은 없다. 카뮈의 말을 직관적으로 이해하자면, 나는 나를 모른다는 것. 내가 아는 나는 어쩌면 진정한 내가 아닐 수 있다는 것. 이러한 일을 두고 카뮈는 '부조리하다'라고 말했다. 그에게 부조리란 본질적으로 절연이었기 때문이다.

따라서 우리 모두로서의 '나'는 '나 자신에게 영원히 이방인'이라는 술어에 갇힌 존재일 수밖에 없다. 그건 부조리한 일이다. 그건 '나'를 분열된 존재로 여기는 일이다. 그건 '나'의 존재에 보는 자와 보이는 자가 동시에 존재하는 일이다. 그리고 그건 '나'를 정체불명의 존재로 만드는 일이다. 이 알 수 없음 속에서 '나'는 살아가고, 살아가면서 더더욱 알 수 없는 '나'와 마주하게 된다. 이렇게 본다면 '나'로 존재하는 일은 무척 고단한 일이다. '나'에게 갇힌 이방인과 동거해야 하는

---

[1] 알베르 카뮈, 『시지프 신화』, 민음사, 2016, 38쪽.

사태 앞에서 우리의 영혼은 곤두설 수밖에 없다. 이러한 삶의 피로를 해소하려면 우선 부조리함에서 벗어나야 한다. 그래서 우리는 '나'의 통합을 상상적으로 시도하는데, 그게 음악, 미술, 무용 같은 예술 활동이다. 여기에는 시도 있다. 이를테면 시는 '나'와 '나의 이방인' 사이를 건너다니는 고독한 주술이라는 생각. 아슬아슬한 언어의 비의, 그게 '나'의 내부에 갇혀 있는 '나의 이방인'을 세상으로 불러내는 시의 운명이라는 생각.

오창렬 시인의 시집 『그러니까 나는 지금 사랑하는 사람일까요』를 앞에 두고 나는 '나'와 '사랑하는 사람' 사이의 부조리함을 이야기하고자 한다. 여기에서 '사랑하는 사람'은 '나 자신에게는 영원히 이방인'이자, '나'의 정체성을 서술해 줄 수 있는 존재다. 이방인을 향한 의식은 '나'에게 몸이 있다는 감각만큼이나 명징한 사실이다. 그러므로 '나'는 언제나 이방인의 시선을 의식할 수밖에 없고, 그러한 시선의 탐색적 대상인 '나'는 때때로 경건해지거나 왜소해지기도 한다. 언제 어디에서든, '나'를 향한 이방인의 시선 속에서 '나'는 존재한다는 것. 그렇다면 이방인으로서의 자기 응시 윤리가 오창렬 시인의 시에서 자주 목격되는 이유는 무엇일까?

점심도 한참 지났는데 가슴 한구석이 몽글거린다

누르면 천 원이 기부된다는 버튼 앞에서
마음을 내려다 거두었던 아침 일이 잊히지 않는다

줄기에 박힌 옹이를 본 적 있다
꽃을 피우고 싶던 꿈과
이파리도 피우지 못한 절망이
함부로 뭉개진 상처를 본 적 있다

봄나무가 마음을 보내는 가지마다
노랑으로 분홍으로 또 연두로 세상 푸지게 흐드러지는데
버튼 너머로 흘러가지 못한 마음이 휘돌다
내 가슴 한구석에서 소용돌이쳤던가

흐르는 마음 젖이 되고 꿀도 되어
꽃송이 송이마다 향기도 마알간 봄날
나는 옹이를 위무하던 목수의 대패질을 겨우 떠올렸다

몽글거리던 후회를 어루만져 무늬가 될 무렵
저녁이 와서 헐렁한 내 삶을 조이는 옹이를 꿈꾸었다
—「옹이」 전문

이 시에서 "누르면 천 원이 기부된다는 버튼 앞에" 놓였던 '나'와 그 사실을 뒤늦게 떠올리는 '나'는 부조리한 관계를 형성한다. 부조리함의 발견은 "점심도 한참 지났는데 가슴 한 구석이 몽글거"리는 자기 응시를 통해 이루어지고, 그럴 때 이상하게도 기부 버튼 앞에서 "마음을 내려다 거두었던 아침 일"은 스스로에게 낯선 상황으로 다가온다. 아침의 '나'는 점심 무렵이 되면 벌써 이방인으로 존재하는 것이다. 이러한 자기 절연의 순간을 견딜 수 있는 것은 이 부조리한 상황과 맞서는 우리의 상상적 화해 의지인데, 그러한 의지를 실현하는 활동이 예술이라는 건 앞서 언급한 바 있다. 그러니까 시적 창조의 순간은 자기 절연의 부조리를 발견함으로써 발생한다는 것.

　오창렬 시인은 이 지점에서 서정시의 규율을 소환한다. '나'에게 주어진 부조리한 사태로부터 "줄기에 박힌 옹이" 쪽으로 시선을 옮겨 디딤으로써 객관적 상황을 만들어낸 것. 이 같은 비유적 상상력을 통해 '나'는 부조리와 일정한 거리를 만들어 내는데, 그것은 부조리에 매몰되지 않으려는 '나'의 의지를 드러내는 일이다. 이제 시는 '나'로부터 '옹이'로 전환된다. 오창렬 시인에 따르면 '옹이'는 "꿈"과 "절망"이 "함부로 뭉개진 상처"다. 그 상처는 시의 막바지에 이르러 "몽글거리던 후회를 어루만져 무늬"가 되고, 그러한 무늬로부터 "헐렁한 내 삶을 조이는 옹이를 꿈꾸"는 것으로 마무리된다. 이렇듯 '나'의 사태를 '옹이'의 사태로 전환하고, 최종적으로 두 사태의 변증법적 통합으로 마무리하는 서정시의 규율은 '나'로부터 절연된 존재의 부조리를 해소하려는 상상적 실천이 되기에 부족함이 없다.

아침의 사태를 점심 무렵부터 응시하게 되고, 저녁에 화해하는 순차적인 전개 방식은 자연스레 인간 성장의 서사로 읽힌다. 이 서사를 추동하는 건 언제나 "후회"라는 자기 윤리다. 이러한 윤리는 언제나 '나'를 다시 써가는 과정이고, 새롭게 발견한 서술 행위 속에 '나'를 가둠으로써 '나'는 또다시 낯선 이방인이 될 수밖에 없다. 아침의 '나'는 점심의 '나'에게 이방인이 되고, 그건 저녁의 '나'에게도 다르지 않게 적용되는 것이다. 이 과정은 예외 없이 부조리하다. 여기서 카뮈의 부조리를 지탱하는 시지프의 운명을 떠올릴 필요가 있다. 알다시피 시지프는 산꼭대기에 도달하면 굴러내리는 바위를 다시 밀어 올려야 하는 형벌을 받았다. 이 얼마나 무의미한 일인가. 시지프의 운명은 마치 죽음이 예정되어 있는 인간이 매 순간 최선을 다해 '살아간다'는 사실과 맞닿는다. 그건 우리가 하루하루 성실하게 살아가는 일이 곧 죽음을 향해 뚜벅뚜벅 걸어가는 일이라는 것. 카뮈가 말하는 존재의 부조리가 바로 이런 것이다. 그렇더라도 우리는 또 성실하게 하루를 살아간다. 그 이유에 대해 오창렬 시인은 이렇게 말한다. 내 안의 이방인을 만나기 위해서라고.

미륵사지 가는 길에 나를 만났다
나는 길목에서 마을을 기웃거리고 있었다
갈 길 바쁜 줄 모르고
눈비 몰려오는 줄도 모르고

미륵사지 다녀오는 길에도 나를 만났다
나는 집으로 가는 길을 잃고 헤매고 있었다
날은 저무는데
눈비조차 내리는데

―「돌부처」 전문

  이 시에서 '나'는 화자인 나의 대상으로 존재한다. 나는 "미륵사지 가는 길에 나를 만"나는데, 그 순간 바라보고 말하는 주체인 나와 보이고 말해지는 대상 '나'는 절연의 사태에 놓인다. 이렇게 (보이는) '나'로부터 (바라보는) 나가 분리되는 일은 앞서 살펴본 시 「옹이」에서 말한 '후회'라는 자기 응시의 결과다. 재사유의 형식으로 발현되는 자기 응시는 시지프가 밀어 올리는 바위와 같다. 자기 행위를 대상화하고, 자기 사유를 대상화하는 건 행위자와 사유자를 대상화하는 일이고, 행위 주체와 사유 주체가 행위 대상이자 사유 대상으로 전화하는 일이다. 이렇게 주체를 대상으로 만드는 일은 주어의 자리를 박탈하고 술어의 자리에 재배치하는 일이면서, '나'로부터 '나의 이방인'으로 관계를 재설정하는 일이기도 하다. 「돌부처」에서 형상화하는 사태가 이것이다. 몸을 숨기고 있는 발화(보는) 주체인 나의 시선에 "나는 길목에서 마을을 기웃거리고 있"는 것이다.

문제는 그다음이다. 나의 눈에는 지금 "갈 길 바쁜" 상태이고 "눈비 몰려오는" 중이지만, 대상화된 '나'는 그런 것쯤은 개의치 않는다. "날은 저무는" 상태이고 "눈비조차 내리는데" "나는 집으로 가는 길을 잃고 헤매고 있"다. 이 같은 '나'와 나 사이의 절연 사태에서 대상화된 주체가 새롭게 발견한 사실은 하나다. "내가 뿌리내리려던 사람들의 마을도 허공이었"(「뿌리」)다는 것. 그게 오창렬 시인이 마주하게 되는 '나의 이방인'으로서의 '나'다. '나'라고 믿었던, 그리고 '나'의 존재론적 거처였다고 믿었던 "사람들"과 "마을"이 사실은 아무것도 아닌, 혹은 어떤 것도 증명하지 못하는 "허공"에 불과했다는 것. 그렇게 본다면 '나'라는 존재는 "이 방, 저 방, 서랍과 주머니 속까지, 뒤져도 없"는 존재이자 "촘촘하게 짠 그물로 기억의 바닥까지 훑어도"(「보물」) 찾을 수 없는 서술어가 아닐까? 오창렬 시인에게 시 쓰기는 부재하는 자기 서술어 찾기의 방편처럼 보인다. 영원한 이방인으로서의 '나' 찾기에 나선 그가 시적 상상력을 동원하여 전력투구하는 일이 사실은 전 생애를 걸고 지어야 하는 자기 존재의 집일지도 모른다는 뜻이다.

생애를 바쳐 나

집 한 채 지어야겠네

하루 일을 끝내고 그대에게 돌아갈 때

초인종 눌러 따로 집주인의 허락 얻지 않아도 되는

맘 편하게 그대를 소리할 수 있는 집

담은 낮게 허물어 놓고

노래하듯 내 부르면 춤추듯 그대 대답하여

부르고 대답하는 소리 넝쿨장미처럼 넌출거리는 집

저 푸른 초원 위에 지어야겠네

온종일 젖히고 구부리며 풀들이 웃고

마알간 얼굴 꽃으로 피는 그대를 보며

나는 더디 늙을 것이네

초원이 넓어 집은 작아도 좋겠네

작아서 그대와 나 둘만 살다

작아서 이 세상 다음까지 들고 갈 수 있는 집

그렇게 몇 생을 살아 작은 집 닳아지면

그때는 서로가 서로의 집이 되는 집

물이 되고 구름 되어 살 때

흐르고 흘러도 서로의 안이 되는 거대한 집

몇 생을 바쳐서라도 지어야겠네

—「작은 집」전문

"집"은 실재적으로도 상징적으로도 모든 존재의 거처다. 존재에게 거처란 자기 삶을 풀어나가는 서술의 현장이면서, 존재 스스로 자기 삶의 발목을 저당 잡혀놓은 수형소다. 이게 실재 세계에서 '집'에 부여된 위상이다. 반면 독일 철학자 하이데거는 상징 세계에서 모든 존재의 집을 언어라고 규정한 적 있다. 우리가 사용하는 언어야말로 우리의 존재 사유를 규정하는 상징이라는 뜻이다. 시는 그러한 언어 상징이 가장 첨예하게 펼쳐지는 존재 사유의 현장이다. 「작은 집」은 그것을 증명하는 적절한 사례가 된다.

이 시에서 화자는 "집 한 채 지어야겠네"라는 어조를 통해 두 가지를 피력한다. 우선 '-겠-'이라는 선어말어미를 통한 미래 의지의 형상화이고, 다른 하나는 '-네'라는 어미를 통해 그러한 미래 의지의 강도를 모호하게 설정하는 방식이다. "나는 더디 늙을 것이네/초원이 넓어 집은 작아도 좋겠네"에서 보듯, 미래의 가능성을 드러내면서도 그것의 확실함에 의문을 제기하는 어법은 화자의 모호한 입장을 드러낸다. 이런 모호성이 화자가 시적 사태를 장악하는 데 실패했다는 것을 의미하지는 않는다. 「작은 집」에서 보여주는 화자의 태도는 결국 '나'라는 존재의 부조리함, 다시 말해 '나' 안에 공존하는 나의 숱한 이방인과의 관계를 대변한다. '-겠다'는 단정이 아니라, 미래 의지를 중화한 '-겠네'라는 어조를 통해 이 시의 주체인 '나'는 자기의 이방인에게 집 한 채 함께 지어보자고 손을 내

민다. 그런 집은 "서로가 서로의 집이 되는 집"이면서 "서로의 안이 되는 거대한 집"이다. 그럴 때 "몇 생을 바쳐서라도 지어야" 하는 존재의 집이 바로 '나'다. 그러니까 이 시는 '나'라는 존재의 집을 짓겠다는 의지이면서 자기 안에 존재하는 이방인을 응시하겠다는 다짐에 해당한다. 이렇게 상징적인 자기 존재의 집 짓기는 오창렬 시인의 시에서 자주 발견된다.

> 꼬투리는 완두콩의 푸른 집들
> 작은 집엔 식구가 서넛으로 단출하고
> 큰 집엔 아홉씩 열씩 대식구가 오보록하여
> 망째 쏟아놓은 초여름의 식탁 위는 다정으로 복작거리는
> 포근한 마을이 된다
> ―「완두콩 까는 저녁」 부분

> 내가 있어 당신이 사는 줄 알았더니
> 당신이 있어 내가 집이었네
> 벽도 지붕도 아닌 것
> 내가 집이던 까닭은 당신이었네
> ―「빈집」 부분

오창렬 시인에게 '집'은 한 개인이 거처하는 실재하는 공간

(「완두콩 까는 저녁」)이면서 실존이 상징 세계를 구축하는 상징 공간(「빈집」)이기도 하다. 앞의 경우, 대체로 '집'은 생물학적 존재의 가능성과 한계를 규정하는 인식 틀로 기능한다. "작은 집엔 식구가 서넛으로 단출하고/큰 집엔 아홉씩 열씩 대식구가 오보록"한 사실이 사례가 된다. '작은 집-서넛으로 단출'하다는 사실과 '큰집-대식구가 오보록하'다는 평균적인 대비를 통해 오창렬 시인은 우리의 삶이 '집'이라는 (크고 작은) 가능성의 한계 안에 갇혀 있다는 점을 증명한다. 반면에 「빈집」에서 "당신이 있어 내가 집이었"다는 고백은 우리가 얼마나 부조리한 삶을 살고 있는지 날것으로 보여준다. '나는 나 자신에게 영원히 이방인일 것이다'라고 했던 카뮈의 말을 떠올려 보라. "내가" 존재의 "집"으로 완성되는 과정에서 필요한 건 '나'가 아니라 "당신"이라는 것. 짐작하겠지만 이 경우 '당신'은 '나의 타자'가 아니라 '나 자신에게 영원히 이방인'인 존재다. 그럴 때 '나'라는 존재의 집은 자신이 규정할 수 없었던 것들로 규정된 '이방인'의 집이 된다.

'나의 이방인'이라는 상징 존재를 통해 '나 자신'을 규정해가는 이 같은 방식을 두고 오창렬 시인은 '황홀 짓기'라고 말한다. "서로 비추는 것만으로도 해와 돌멩이는 황홀을 짓고/황홀의 연원을 따라가는 내게도 저들의 오랜 사랑을 엿보는 순간이 오고/나는 이 순간을 위해 평생 걸어왔음을 짜릿하게 알아차린다"(「사랑의 역사」)라고 했을 때, '서로 비추는' 행위와 '당신이 있어 내가 집'이었다는 인식은 통한다. '나'와 '나의 이방인'이 '서로 비추는' 과정을 통해 '나'라는 존재 찾기는 '황홀을 짓'고, 궁극적으로 '사랑'이라는 지경에 도달한다는 것이다. 그런데 사랑의 순간은 언제나 '나'라는 존재를 내려놓는 데서 시작하는 법. "저녁해가 기울다 말고/내 그림자를 다리의 그림자 옆에 세우는 날 있어/다리의 생애에 오래 기대어 보았다//그제서야 내게도 평생을 건네고 싶은 사랑 하나가 생겨났다"(「다리」)라는 구절을 거듭 읽어보라. "내 그림자"와 "다리의 그림자"가 "오래 기대어" 있을 때 "사랑 하나가 생겨"난다. 그리하여 '나' 혼자가 아니라 서로에게 기댐으로써, 즉 자기 안에 들어와 있는 이방인과 더불어 황홀의 순간을 빚어낼 때 오창렬 시인은 본성으로서의 '나'를 찾을 수 있다고 믿는다. 이렇게 '나의 이방인'으로부터 '나' 자신을 찾아가는 시적 여정은 이제 보게 될 시에서 좀 더 분명해진다.

저녁이 소를 몰러 갔을 때
골짜기에는 침묵 한 마리가 서 있었다
말뚝에 묶인 채 우두커니 서 있었다
풀을 뜯는 동안 초록의 피도 낭자했을 것이나
소란까지 모조리 뜯어먹고 침묵은
소처럼 몸집이 컸다

소를 만나러 다가갔을 때

커다란 침묵 속에서 소는 풍경 소리를 들려주었다

풍경 소리 틈으로 재빨리 손을 집어넣으며

소를 데리고 나올 때 잘하면 침묵을 만져볼 수도 있으리라

저녁은 잠시 설레기도 했으나

침묵을 만지지 못하고

소를 만나지도 못하고

숲이 거대한 짐승으로 변하기 직전에야

저녁은 겨우 고삐를 수습하여 집으로 돌아왔다

침묵 한 마리가 마당에 들어서자

집도 우두커니 서서 밤새도록 생각이 깊어졌다

─「침묵을 몰고 오다」 전문

시집 『그러니까 나는 지금 사랑하는 사람일까요』에서 시인의 시적 방법론 혹은 인생론을 가장 상징적으로 보여주는 이 시는 심우도(尋牛圖)의 시적 형상화로 읽힌다. 알다시피 심우도는 처음으로 선을 닦게 된 어린 수행자가 자기 본성이라는 소를 찾기 위해 산중을 헤매다가 도를 깨닫는 과정을 그린 그림이다. 선의 수행 과정을 10단계로 나눈 심우도는 빈 고삐를

쥔 수행자가 잃어버린 소를 찾아다니는 심우(尋牛) 단계와 소의 발자국을 발견하는 견적(見跡) 단계, 먼발치에서 소를 발견한 견우(見牛)의 단계와 소를 찾아 고삐를 죄는 득우(得牛)의 단계로 이어지고, 이후에 여섯 단계가 더 있다. 이러한 단계에 비추어보면 이 시는 자기 본성을 어느 정도 발견한 득우 이후의 일을 형상화하는 듯하다. "소를 몰러 갔을 때" 소 대신 "침묵 한 마리가 서 있었다"는 사실을 보라. '소'의 자리에 '본성'을 넣어보면 이 시의 정체가 조금은 선명해진다. 화자는 오랜 구도 끝에 마침내 자기 본성에 이르렀다고 믿는다. 그런데 그 사실을 확인하려는 순간에 '소'는 사라지고 '침묵'만이 남는다. 이는 인간의 본성이 인간의 언어로는 해명할 수 없는 신성한 영역, 즉 말해질 수 없는 영역이라는 인상을 남긴다.

여기서 '나는 누구인가?'라는 처음의 질문이 자연스럽게 떠오른다. 그 물음이 지시하는 '나'는 '나 자신에게 영원히 이방인'이면서, 발화하는 '나'가 추구해야 하는 본성으로서의 자기이다. 이쯤 되면 '이방인=자기 본성'이라는 등식이 별로 불편하게 보이지 않는다. 그렇지만 이 시에서처럼 이방인(자기 본성)은 '나'의 언어로는 설명되거나 규정될 수 없는, 어쩌면 영원히 불가해한 침묵의 존재로 나타나 있다. 이 시에서 '소'가 '침묵'으로 재인식되는 현상이 그러한 사례다. 그런데 눈여겨 볼 점은 '소'가 '침묵'으로 존재론적으로 전이되는 양상이다. "풀을 뜯는 동안 초록의 피도 낭자했을 것이나/소란까지 모조리 뜯어먹"어야 "침묵은/소처럼 몸집이" 커다랗게 바뀐다. '침묵'의 단계에 이르려면 '초록의 피도 낭자'하게 흘려야 하고, '소란까지 모조리 뜯어 먹'어야 한다는 이 고차원의 비유가 사실은 한 개인이 자기 삶의 근원을 찾아가는 외로운 행보를 보여주는 것이라면 어떨까? 먹고 사는 일에 발목 잡혀 하루하루 자기를 소진해 온 한 사람을 상상해 보라. "소를 데리고 나올 때 잘하면 침묵을 만져볼 수도 있으리라"고 "잠시 설레기도 했으나" 그는 끝내 "침묵을 만지지 못하고/소를 만나지도 못"했다. "말뚝에 묶인 채 우두커니 서 있"는 "침묵 한 마리"가 금방이라도 잡힐 듯했으나, 그것은 영원히 도달할 수 없는 자기 본성의 세계처럼 보인다. 그렇게 본다면 이 시는 시지프에게 주어진 부조리한 운명과 하나도 다르지 않다, 마지막 연이 시작되기까지는.

「침묵을 몰고 오다」는 도입부부터 독자의 호흡을 바짝 긴장하게 하는 힘이 있지만, 그 긴장을 부러뜨리지 않고 유연한 곡선으로 마무리하는 미덕은 마지막 연에 가서야 만날 수 있다. 우리 사는 일이 그렇듯 말뚝에 매인 '소'를 찾아 나선 길은 때가 되면 집으로 돌아와야 하고, 모든 회귀의 서사가 그렇듯 돌아오기 위해서는 새로운 통찰의 순간을 마주해야 한다. 그렇게 본다면 마지막 연에 이르러 "겨우 고삐를 수습하여 집으로 돌아"오는 일이 간단치 않다는 사실을 알 수 있다. 그럼에도 오창렬 시인은 "겨우"라는 부사 하나로 "낭자했"던 "소란"

을 '침묵'으로 잠재워버린다. 그러니까 '겨우'라는, 몸부림의 한계에 다가가려는 이 한마디를 쓰기 위해 이 시가 창작된 건 아닌가 하는 생각이 든다. '겨우'라는 부사는 "우두커니 서서 밤새도록 생각이 깊어"지는 "집"의 존재 의미까지도 섭렵해버리고, '나'의 모습마저도 '겨우'는 순식간에 사로잡아버린다. 그럴 때 '나'는 '겨우'의 몸부림이 깃들어 있는 존재의 "집"으로서의 자기 본성을 확인할 수 있다.

이처럼 우리 인간은 '겨우' 존재하는 존재다. 그런 존재를 자기 언어로 말할 수 있는 이는 세상에 몇 없다. 그들 중 '소'에서 '침묵'을 읽어내는 사람이 있다면 그는 수행자일 것이고, '침묵'을 인간의 언어로 말하는 사람이 있다면 그는 시인이라고 불릴 것이다. 그러니까 시는 자기 안에 침묵하고 있는 이방인, 즉 자기 본성을 '겨우' 고백하는 예술인 셈이다. 오창렬 시인의 시에서 '나 자신에게 영원히 이방인'일 수밖에 없는 '나'의 본성을 찾아 나서는 수행자의 모습이 보이는 이유도 그가 자기 삶의 어느 줄기를 '겨우' 붙들고 있어서라는 생각. 이제 보게 될 시도 '나'가 붙들고 싶은 '너'의 세계에 대한 것이다.

눈이 있어야 완성되는 겨울 풍경이라면
내 쪽에 눈을 좀 더 쌓아두고 있을게
솔가지엔 눈의 무게를 좀 더 견뎌달라 부탁하고
벤치에 쌓인 눈을 더 오래 데리고 있기 위해

만(灣)으로 바닷물 들 듯 뒷마당 깊숙이 응달을 끌어들일게
　　바람도 주로 이쪽에서 서성이도록 설득할게
　　너는 가능한 한 남쪽 방에 머물렀으면 해
　　창밖으론 햇살이 눈을 섞이고
　　고드름 녹아 낙숫물 듣는 소리가 들려온다면
　　그때 너는 봄이 온다고 착각해도 좋겠어 네 마음이 봄을 품은 동안
　　나는 벤치에 소복한 눈을 보며
　　벤치에 앉았던 하얀 너를 떠올릴 거야
　　그러는 동안 내 쪽으로도 봄기운 돌고
　　강아지와 눈 맞은 갯버들이 소문으로 먼저 와 닿지
　　나는 그때에야 응달과 바람을 자유롭게 풀어놓을 거야
　　벤치 위의 눈이 녹고 나는 너를 기다릴 거야
　　　　　　　　　　　　　　　　―「북쪽의 마음」 전문

　이 시에는 두 개의 조건이 있고, 각각의 조건에 따른 '나'의 행위 의지와 '너'의 존재 양태가 제시되어 있다. "눈이 있어야 완성되는 겨울 풍경이라면"이라는 첫 번째 조건에 따라 2행부터 6행까지 '나'가 처리해야 할 목록들이 있고, 그 목록의 끝에 가서야 "너는 가능한 한 남쪽 방에 머물렀으면 해"라고 '나'의 대상이 되는 '너'의 존재 방식이 드러난다. 또 하나의 조

건은 "고드름 녹아 낙숫물 듣는 소리가 들려온다면"이고, 그 순간이 오면 "그때 너는 봄이 온다고 착각해도 좋겠"다고 말한다. 그다음에 이어지는 내용은 '나'의 행위 의지들이다. 그러니까 이 시는 주어진 조건에 따라 '나'가 해야 할 행위들을 나열하고 있는데, 2행부터 6행까지는 겨울의 눈과 바람과 응달이 '너'가 있는 쪽이 아니라 "내 쪽"에 머물도록 하겠다는 것이고, 두 번째 조건 이후의 서사는 "네 마음이 봄을 품는 동안" "너를 떠올"리겠다는 각오다. 나아가 너와 나 사이에 "봄기운 돌"게 되는 순간까지 "나는 너를 기다릴 거"라고도 말한다. 그러니까 이 시는 "눈이 있어야" "겨울 풍경"이 "완성되는" 것처럼, "너"가 있어야 "나"가 존재할 수 있다는 사실을 거듭 확인하고 있다. 이렇게 풀이해 볼 수 있는 이유는, 지금까지 오창렬 시인의 시를 성실하게 읽어 온 독자라면 예외 없이 상상할 수 있는 것처럼, '너'야말로 '나의 이방인'이기 때문이다.

이제 '너'는 '나의 이방인'이라는 사실을 확정하지 않을 수 없다. 오창렬 시인은 이번 시집 곳곳에서 '당신' 혹은 '너'라는 인칭을 통해 '나'의 본성 찾기에 나선다. "당신 계신 곳을 알지 못하니 당신은 어느 곳에나 계십니다"(「칠흑 속의 꽃나무」), "당신 떠나고 나는 캄캄해졌네"(「빈집」), "천년 만에 당신 앞에 떨어진 나는 자꾸만 당신에게 묻힙니다"(「데미샘에서 돌돌 달아난 물은」), "나의 어제이고 오늘이던 너의 언어는/나를 다 살리고/훗날 재가 될 것이다"(「너의 언어는」) 등에서 '너/당신'은

'나'의 본성을 찾아가는 고행의 길에서 만난 '나의 이방인'이 되기에 충분하다. 오창렬 시인의 시는 이렇게 '나'라는 한 마리의 '소'를 찾아 나선 수행자의 '침묵'처럼 보인다. 그는 인간의 언어로는 발화될 수 없는 자기 본성, 즉 '나의 이방인'을 침묵의 언어인 시로 발화하는 것이다. "물로 치면 당신은 지금 산굽이를 휘도는 계곡물이거나 낭떠러지로 떨어지는 절망의 폭포수일 것"이나 "어느 날 불현듯 당신은 잔잔한 강물로 흐르는 자신을 보게 될 것"(「나는 옛사람의 시구나 적어 보내고」)이라고 한 것처럼, 오창렬 시인은 삶의 굽이마다 마주하는 당신이라는 '나의 이방인'을 통해 '나'의 삶을 만들어내고자 한다. 그럴 때 '나'의 삶이 '폭포수'처럼 '절망'에 근접하는 순간이 있겠지만, 결국에는 '잔잔한 강물로 흐르는 자신'을 발견하게 될 거라고 믿는다.

이런 의미에서 오창렬 시인의 시는 '나'로 살아가는 긴 여정의 계곡을 휘돌아 낭떠러지를 마주하는 순간마다 '나는 누구인가'라는 질문을 응시하고, 그 물음에 스스로 응답하려는 침묵의 고행이라고 할 수 있다. 이 고행이 언제 끝날지, 그 끝에서 발견한 '나'의 모습이 어떨지 지금으로서는 확언할 수 없다. 그렇지만 오창렬 시인이 침묵의 시 쓰기를 멈추지 않는 한, '나'의 본성인 '소'의 고삐를 잡아채는 득우의 순간이 반드시 찾아올 거라고 믿는다. 이번 시집을 읽는 독자들과 함께 가까운 미래에 다가올 그 순간을 기다려보고 싶다.

시인동네 시인선 260

그러니까 나는 지금 사랑하는 사람일까요

ⓒ 오창렬

초판 1쇄 인쇄 2025년 9월 12일
초판 1쇄 발행 2025년 9월 19일
지은이 오창렬
펴낸이 김석봉
디자인 헤이존
펴낸곳 문학의전당
출판등록 제448-251002012000043호
주소 충북 단양군 적성면 도곡파랑로 178
전화 043-421-1977
전자우편 sbpoem@naver.com

ISBN 979-11-5896-710-9 03810

*이 책의 판권은 지은이와 문학의전당에 있습니다.
*양측의 서면 동의 없는 무단 전재 및 복제를 금합니다.
*잘못 만들어진 책은 바꿔드립니다.
*이 시집은 (재)전북특별자치도문화관광재단 '2025 문화예술육성지원사업'에 선정되어 보조금을 지원받아 제작되었습니다.

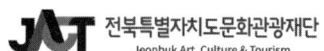